FRANÇOIS COPPÉE

LE TRÉSOR

COMÉDIE

PRIX : 1 FR. 50

PARIS

ALPHONSE LEMERRE, ÉDITEUR

27-31, PASSAGE CHOISEUL, 27-31

M DCCC LXXX

LE TRÉSOR

COMÉDIE EN UN ACTE, EN VERS,

Représentée pour la première fois sur le théâtre de l'Odéon,
le 20 décembre 1879.

FRANÇOIS COPPÉE

—

LE TRÉSOR

COMÉDIE

PARIS

ALPHONSE LEMERRE, ÉDITEUR

27-31, PASSAGE CHOISEUL, 27-31

—

M DCCC LXXIX

A

MON AMI POREL

LE TRÉSOR

PERSONNAGES

Le duc JEAN DE LA ROCHE-MORGAN	MM. PorEL.
L'ABBÉ	FrançOIS.
VÉRONIQUE, nièce de l'abbé	Mlle WALDTEUFEL.

Dans un département de l'ouest, en 1802.

LE TRÉSOR

Une salle basse, ruinée, du château de la Roche-Morgan dans le goût architectural du XVIᵉ siècle. — Au fond, une porte qui laisse voir la campagne et qui est encadrée de lierre, de liseron et de vigne folle. — A gauche, en pan coupé, une grande cheminée monumentale, ornée des armes de la famille et surmontée du buste d'un seigneur, en armure du temps de Henri IV, avec une barbe qui descend sur sa fraise. Sous le buste, cette inscription en lettres d'or est gravée sur une plaque de marbre noir : *Jean XVII, duc de la Roche-Morgan, maréchal de France, conseiller du Roy en ses conseils et chevalier de son ordre,* 1549-1610. — A droite, au premier plan, une grande porte, et, au deuxième plan, un escalier conduisant à une autre porte. Au fond, un vieux bahut chargé de faïences peintes. — Au milieu de la salle, une table de campagne, servie pour trois personnes : assiettes à fleurs, gobelets d'étain, pot de cidre, escabeaux, etc. A droite, un grand fauteuil de cuir brun, gaufré d'ornements en or, rougis par le

temps. — Dans l'angle de la salle, à gauche, deux ou trois
grosses bottes de paille, une charrue, des paniers à œufs, des
cages à volaille. — Aux murailles, des instruments d'agricul-
ture, des fusils de chasse, etc. — Petite porte à gauche, auprès
de la cheminée.

SCÈNE PREMIÈRE

L'ABBÉ, puis JEAN.

L'ABBÉ, assis dans un grand fauteuil et feuilletant un in-quarto.

L'origine est bien là... Nous disons donc que Jean,
Premier du nom, baron de la Roche-Morgan,
Seigneur de Saint-Martin-des-Fossés, capitaine
De cent archers, qui fut gouverneur d'Aquitaine,
Et mourut aux lieux saints pour faire son salut,
Prit pour femme Isabeau de Béthune et qu'il eut
Un seul fils, Jean second, un guerroyeur insigne,
Dont le duc actuel descend en droite ligne...

Jean, vêtu comme un paysan chasseur, guêtré de cuir et le fusil sur l'épaule,
est entré par le fond et s'est arrêté sur le seuil, en écoutant les derniers mots
de l'abbé.

JEAN, gaiment.

Et nous disons que Jean vingt-deux, duc actuel,
Qui, ce matin, selon l'usage habituel,
Avant le point du jour est parti pour la chasse,
Rentre en triomphateur,... avec une bécasse.

L'ABBÉ.

Monsieur le duc!

JEAN.

Encor ce titre ? Non, l'abbé !
Dans l'état misérable où me voici tombé,
Je ne le porte plus et ne dois point permettre,
Pas même à vous, mon vieux précepteur, mon bon maître,
D'appeler duc celui qui vit en paysan.
Donc, comme chacun fait, dites-moi : « Monsieur Jean. »

L'ABBÉ.

Vous dire : « Monsieur Jean ! » moi !.. c'est inadmissible !
Êtes-vous duc et pair ?

JEAN se débarrassant de son attirail de chasse.

Je l'étais, c'est possible.
Aujourd'hui Monsieur Jean est le nom qu'il me faut.
Car, depuis que mon père est mort sur l'échafaud,
Et depuis qu'en exil et loin de la patrie,
Mon pauvre abbé, malgré mon titre et ma pairie,
De l'âpre pauvreté j'ai subi les leçons,
— Car à Londres, enfin, j'ai servi les maçons —
De bien des vanités j'ai compris la faiblesse.

L'ABBÉ.

Vous ne reniez pas le droit de la noblesse ?

JEAN.

Non ! mais j'ai bien assez réfléchi pour savoir
Que tout droit en ce monde est doublé d'un devoir.
Pour avoir trop usé de l'un sans remplir l'autre,
Ceux qui portaient des noms fameux comme le nôtre

Sont tombés, et leur plainte est perdue en l'écho ;
De ce canon vainqueur qui vient de Marengo.
Or, moi, pauvre émigré, qui, rentré dans ma terre,
Trouve mes biens vendus et mon toit solitaire
Écroulé, moi qui n'ai, dans ma triste maison,
Rien d'intact, si ce n'est cet antique blason,
Moi qui dois désormais borner ma perspective
Aux trois ou quatre champs de blé que je cultive,
Et demander ma vie au labeur de mes mains,
Je fais très bon marché de tous mes parchemins,
Et j'accepte mon sort, bravement, sans révolte.
A mes anciens vassaux quand je vends ma récolte,
Quand je bois avec eux le cidre du marché,
Où donc est ma pairie ? où donc est mon duché ?
Jusqu'à des temps meilleurs, mon ami, j'y renonce.
Mais comme on trouve ici, sous le lierre et la ronce,
Cet écusson ducal qu'épargna la Terreur,
De même on trouve encor, dans ce duc laboureur,
Le plus beau legs qu'il tient de sa bonne origine,
Son honneur, qui survit à toute sa ruine !

L'ABBÉ.

Ah ! courageux ami... Mais rien ne me défend
Du moins de vous nommer toujours : «Mon cher enfant !»
N'est-ce pas ? comme au temps de votre adolescence ?

JEAN, lui serrant les mains.

De grand cœur !

L'ABBÉ.

J'ai pour vous tant de reconnaissance !

Lorsque — voilà trois mois — nous sommes revenus
D'exil, ma nièce et moi, marchant presque pieds nus...

JEAN.

Je vous ai recueillis. Bah! la maison est large.

L'ABBÉ.

Et vous nous avez pris tous deux à votre charge,
Vous, si pauvre déjà...

JEAN.

        Quel beau mérite j'ai!
Le pain sec est meilleur quand il est partagé.
— Mais, l'abbé, dans quel but, avec tant d'énergie,
Compulsez-vous ici ma généalogie?
Vous dressez donc mon arbre héraldique?

L'ABBÉ.

                Non, non.
Je veux, pour illustrer à jamais votre nom,
Je veux — conception plus grande, plus hardie! —
Sur un de vos aïeux faire une tragédie.

JEAN.

Je vous reconnais là... Toujours le vieux travers.

L'ABBÉ.

Faire une tragédie en cinq actes, en vers.
J'en ai déjà dix-neuf, parfaitement intactes,
Hélas! Toutes en vers et toutes en cinq actes.

Que ces comédiens, insolents étourdis,
M'ont osé refuser... jusqu'à mon *Faux Smerdis*,
Un chef-d'œuvre !.. N'importe, ils n'auront qu'à se taire,
Cette fois... Ce sera dans le goût de Voltaire...
Un affreux scélérat qui nous a fait un mal !..
Mais quel talent tragique, il avait, l'animal !

JEAN.

Ainsi dans le passé de ma noble famille
Vous cherchez un sujet ?...

L'ABBÉ.

        Sans doute. Elle fourmille
De grands hommes d'État, d'illustres généraux...
J'hésite seulement dans le choix du héros.

JEAN, montrant le buste.

Prenez donc celui-ci, l'ami de Henri quatre,
Qu'auprès du Vert-Galant vingt ans l'on vit combattre,
Et qui mourut, dit-on, de douleur et d'effroi,
En apprenant soudain le meurtre du bon roi.

L'ABBÉ.

J'y songeais. Mais le roi parle un langage ignoble.
Ventre-saint-gris n'est pas possible en style noble.
Il faut y renoncer.

JEAN, avec un sourire.

        C'est bien dommage, Enfin...
Le fils de tant d'aïeux pour l'instant meurt de faim.
Très à propos la table est mise et nous convie.
Il est midi bientôt...

SCÈNE II

JEAN, L'ABBÉ, VÉRONIQUE.

Véronique entre en portant une grosse soupière, qu'elle pose sur la table.

VÉRONIQUE.

Et la soupe est servie.

JEAN ET L'ABBÉ.

Ah!

VÉRONIQUE, *présentant son front à l'abbé.*

Cher oncle!...

L'ABBÉ, *l'embrassant.*

Bonjour, ma nièce.

VÉRONIQUE, *à Jean.*

Monsieur Jean,

Je me suis surpassée aujourd'hui...

Soulevant le couvercle de la soupière.

Jugez-en.

JEAN.

Voyons cela, mignonne... Oh! la bonne bouffée!...

Jean et l'abbé se mettent à table et commencent à manger. Véronique a son couvert mis et s'assied aussi, mais à chaque instant elle se lève pour servir.

Mais vous êtes vraiment notre petite fée,

Véronique, et depuis que vous êtes ici,
Le deuil de ma maison déjà s'est éclairci,
Tant vous y répandez la vie et la lumière.

VÉRONIQUE.

Laissez donc, monsieur Jean ! je joue à la fermière,
Comme la pauvre reine a fait à Trianon,
Et j'ai lu Florian, voilà tout.

JEAN.

Eh bien, non.
Watteau goûterait peu ma bergerie en prose,
Où les moutons n'ont pas au col un ruban rose ;
Et dans cette ruine où je vis en fermier,
Florian se plaindrait de l'odeur du fumier.
Non, non, vous n'avez pas la tête si légère :
Vous êtes une bonne et fine ménagère ;
Et le pauvre garçon, qui sait ce qu'il vous doit,
Bénit Dieu qui vous a conduite sous son toit !

VÉRONIQUE, à part.

Quand il me parle ainsi, comme mon cœur palpite !

L'ABBÉ, à Jean.

Et moi, j'aurai du moins amené la petite ;
Elle paîra pour deux votre hospitalité ;
Car je sens durement mon inutilité,
Chers amis, et j'en souffre en mes nuits d'insomnie...
Bon à rien !... Je ne suis qu'un homme de génie !

JEAN.

Mon pauvre abbé!

L'ABBÉ.

                    Pourtant mes dix-neuf manuscrits
Sont là, qui, quelque jour, tonneront Paris;
Et vous ne serez plus pauvres comme vous l'êtes:
Je vous fais héritiers de mes œuvres complètes.

JEAN, servant l'abbé.

Bon! Mais en attendant ce résultat lointain,
Mangeons dans la faïence et buvons dans l'étain,
Puisque contentement, dit-on, passe richesse.

L'ABBÉ, à part.

Oh! les petits soupers, jadis, chez la duchesse!

VÉRONIQUE.

Est-il vrai, monsieur Jean, que vous pourriez encor
Être très riche un jour?

JEAN.

            Et comment?

VÉRONIQUE.

                    Ce trésor?
Ces diamants cachés, sous la Terreur?

JEAN, haussant les épaules.

                    Chimère!

L'ABBÉ.

Je les ai vus jadis portés par votre mère;
Ils valaient, j'en réponds, plus de cent mille écus.

JEAN.

Donc ils ont été pris, soyez-en convaincus.
Ces diamants, du reste, ont toute une légende
Dans la famille; ils sont d'une valeur très grande,
Et leur éclat fameux fit rêver autrefois
Plus d'une honnête dame à la cour des Valois.
Sur ces nobles bijoux dont j'ai perdu la trace,
A sa majorité, chaque aîné de ma race,
Toujours du duc son père avait, dit-on, reçu
Un secret important que je n'ai jamais su.
Bref, ils seraient cachés ici... Toute une histoire!
J'y crois peu; mais je crois fort à la bande noire,
Je crois que pour les nids il est des oiseleurs,
Et pour les diamants qu'on cache, des voleurs.

L'ABBÉ.

Ce trésor? Si pourtant, un jour, on le découvre?

JEAN.

Eh bien donc! je ferai reconstruire mon Louvre.
Ma salle basse, ouverte, à cette heure, à tout vent,
Sera fermée et chaude, ainsi qu'auparavant.
Ainsi qu'auparavant, la vieille cheminée
Sera d'un feu flambant et clair illuminée;
Et, par les soirs d'hiver, je pourrai rêver seul
Aux vertus d'autrefois, devant mon grand aïeul.

VÉRONIQUE.

Et, bien sincèrement, ce manque de fortune
Ne vous cause jamais de pensée importune ?

JEAN.

Non, car je me résigne, et c'est l'art d'être heureux...
C'était bien différent, quand j'étais amoureux.

VÉRONIQUE, à part.

Ah ! voilà si longtemps qu'il n'avait parlé d'elle !

JEAN, avec un peu d'amertume.

Irène des Aubiers, la fière demoiselle...
Que devient-elle donc ?

L'ABBÉ.

                    Mais, encor quelquefois,
Je la rencontre allant au galop par les bois.
Elle a l'air à cheval d'une amazone scythe.

JEAN, se levant.

Oui, le vieux souvenir par moments ressuscite...
Elle peut se vanter de m'avoir fait souffrir,
Allez ! j'étais fou d'elle, et j'ai pensé mourir
Quand ses parents, malgré le nom dont je me nomme.
Ont refusé la main du pauvre gentilhomme,
Et quand il m'a fallu, tout seul, comme un hibou,
Avec ce gros chagrin, m'enfermer dans mon trou.
Irène ! Irène ! hélas ! cruelle fille d'Ève !
Elle m'avait pourtant laissé nourrir ce rêve,

Que sous ce toit croulant pourrait fleurir, un jour,
Un lys qui l'emplirait de son parfum d'amour !
Elle m'avait donné l'espérance divine
Que le bonheur viendrait habiter la ruine !
Et j'ai souvent pleuré, quand, dans ce vieux granit,
Je voyais, au printemps, l'oiseau faire son nid !...
J'ai dû me résigner... mais le coup fut bien rude...
Puis vous êtes venus peupler ma solitude ;
Ma tristesse guérit, et le temps s'écoula.
>> Mettant la main sur son cœur.
Et je ne souffre plus quand je mets ma main là !

>> VÉRONIQUE, à part.

S'il disait vrai !...

>> JEAN.

Assez sur cette rêverie !
Car je manque aux devoirs de la galanterie,
>> A Véronique qui ôte le couvert.
Et je veux enlever le couvert avec vous.

>> VÉRONIQUE.

Grand merci, monsieur Jean !

>> L'ABBÉ, à part, pendant que Jean aide Véronique à desservir.

En quel temps vivons-nous ?
Un La Roche-Morgan ne pouvoir, à son aise,
Épouser qui lui plaît... Allons ! quatre-vingt-treize
Triomphe. Le bon goût se meurt, et tout avec.
Monsieur Talma s'habille en vrai costume grec...
La pauvre vieille France a péri tout entière.
Personne ne sait plus tenir sa tabatière,

Prendre sa prise ainsi, — le geste était charmant ! —
Puis, d'une pichenette au jabot, lestement,
Enlever du tabac jusqu'au plus mince atome.
— Cela n'a l'air de rien... C'est un grave symptôme :
De notre décadence il est le précurseur ;
Et l'on dira de moi : « C'est le dernier priseur ! »

On entend au dehors le bruit d'une charrette qui s'arrête sur les pavés de la cour.

UNE VOIX, au dehors.

Monsieur Jean !.. monsieur Jean !.. Oh ! arrête, la Grise !

JEAN, frappant sur l'épaule de l'abbé.

Chercheurs de millions ! voilà qui nous dégrise...
C'est mon valet Martin qui revient du marché.
Or donc, en attendant le trésor déniché,
Le seigneur de céans, veuf de tout patrimoine,
Va savoir si du moins il vend bien son avoine.

LA VOIX.

Monsieur Jean !...

JEAN.

On y va.

Il sort par le fond.

SCÈNE III

L'ABBÉ, VÉRONIQUE.

Véronique, qui a fini de desservir, prépare des fleurs dans un vase qu'elle pose sur la table. L'abbé reprend son in-quarto et se promène de long en large.

L'ABBÉ.

        Reprenons notre élan.
Je tiens ma tragédie et suis sûr de mon plan.
Melpomène avec moi sans doute a fait un pacte...
Voyons!... Scène d'amour, d'abord, au deuxième acte.
— On convient volontiers que chez moi les amants
Expriment en beaux vers leurs tendres sentiments
Et peignent comme il sied le tourment qui les ronge...
— Un songe, à l'acte trois... J'excelle dans le songe...
Et puis à l'acte quatre, un récit... Mes récits,
Aux yeux des gens de goût, passent pour réussis.
J'ai bien, par-ci par là, des scènes plus minimes...
Mais je sais m'en tirer par quelques vers sublimes.

VÉRONIQUE, *rêveuse, venant à l'abbé.*

Mon oncle !...

L'ABBÉ, *avec impatience, à part.*

        Bon, encor ! Non, jamais je n'ai pu
Travailler un instant sans être interrompu.
Qu'est-ce que cette enfant peut me vouloir, en somme ?

VÉRONIQUE.

Mon père, n'est-ce pas, était bon gentilhomme ?

L'ABBÉ.

Sans doute, assez souvent je te l'ai dit, je croi,
Mon brave frère est mort au service du roi,
Quoiqu'il n'ait jamais eu que la cape et l'épée...
Mais voilà maintenant ma verve dissipée...
Et vous m'interrompez, Véronique, au moment
Où je mettais la main sur un bon dénoûment.

VÉRONIQUE.

Pardonnez-moi.

L'ABBÉ.

C'est bon. Mais je m'en vais, ma nièce,
Et je monte là-haut pour songer à ma pièce...
Voyons !... un dénoûmeut... qui ne soit pas banal...
Qui pourrais-je imiter, pour être original ?

Il sort par l'escalier, à droite.

SCÈNE IV

VÉRONIQUE, seule, plongée dans sa rêverie.

Son cœur avait conçu l'espérance divine
Que le bonheur viendrait habiter la ruine,
Et que ce toit croulant verrait fleurir un jour
Un lys qui l'emplirait de son parfum d'amour !...
Hélas ! il faut pourtant que mon cœur se soumette !...
Le lys n'a point fleuri, mais l'humble violette ;
Et lui, toujours rempli de son ancien regret,
Ne l'a pas devinée à son parfum discret !...

Mais l'espérance en moi n'est pas bien étouffée :
Tantôt il me traitait comme sa bonne fée,
Il bénissait le ciel qui m'a conduite ici...
Ai-je tort d'espérer et de l'aimer ainsi ?
Ma race, sans valoir la sienne, est sans reproche,
De plus, la pauvreté commune nous rapproche ;
Et toujours mon espoir, qui ne peut s'envoler,
Rêve de le guérir et de le consoler...
Oui, cet amour a pris mon âme tout entière.
Tout l'évoque...

Elle tire de sa poche un missel.

Jusqu'à ce livre de prière...

Mais non ! ce livre est plein de mon amour... Le soir,
Quand Jean m'a dit un mot qui plaît à mon espoir,
Je mets une fleur là, qui sèche entre les pages...
Cher livre, qui connais mes vœux, et les partages,
Feuillets, de mes pensers confidents et témoins,
Dites-moi qu'il oublie Irène et l'aime moins,
Bien qu'encor tout à l'heure il ait reparlé d'elle ;
Dites-moi, dites-moi qu'à mon rêve fidèle,
J'ai droit de mettre encore une fleur aujourd'hui
Dans ce livre avec qui j'ai tant prié pour lui !

SCÈNE V

VÉRONIQUE, JEAN.

JEAN, entrant vivement.

Quel guignon obstiné !

VÉRONIQUE.

Quoi?

JEAN, d'une voix tremblante de colère.

Mauvaise nouvelle,
Comme toujours!... Les grains ont baissé de plus belle.
Contre le pauvre duc qui veut gagner son pain
La pluie est démagogue et le vent jacobin.
Vendre trois cents écus sa moisson de l'année,
C'est dur!

VÉRONIQUE.

Pardonnez-moi si je suis étonnée,
Monsieur Jean; mais ce prix est à peu près normal,
Et vous dites cela d'un ton qui me fait mal.

JEAN.

Ah! vraiment, j'ai la voix tellement ironique...
Eh! pardieu! c'est que j'ai de l'humeur, Véronique...
Savez-vous ce que vient de m'apprendre Martin,
Ce qu'ils racontaient tous au marché, ce matin?
Irène des Aubiers...

VÉRONIQUE, à part, douloureusement.

Ah!

JEAN.

Elle se marie!...
Quelle déloyauté! quelle coquetterie!...

Car, lorsque ses parents m'ont refusé sa main,
Elle m'avait fait voir un cœur moins inhumain,
Elle avait semblé prendre en pitié ma souffrance,
M'avait dit que le temps, que la persévérance,
Peut-être parviendraient un jour à les fléchir !
Six mois !... Elle a bien pris le temps de réfléchir...
Six mois sont écoulés... Elle en épouse un autre !...

VÉRONIQUE, à part.

Il l'aime encor !

JEAN.

      L'affreuse époque que la nôtre !
Elle !... une fille noble et de sang bien prouvé,
Savez-vous quel époux encore elle a trouvé ?
Le fils d'un acquéreur de biens, fat ridicule,
Qui, je ne sais comment, a pris la particule
Et qui, tout enrichi de l'argent des vaincus,
Paîra la dot avec du sang sur ses écus !
Juste Dieu ! puisqu'il est des femmes qu'on achète,
Où donc est ton trésor ? où donc est ta cachette,
Mon vieux manoir ? Rends donc son or à ton seigneur,
Pour qu'il puisse, à son tour, se payer du bonheur !...
Mais non, mille fois non !... Point de ces vœux infâmes,
Et que maudites soient à tout jamais les femmes,
Qui, comme au champ de foire, à la Saint-Jean d'été,
Marchandent leur amour et vendent leur beauté !

VÉRONIQUE, à part.

Comme il l'aime !
Haut.

Voyons, monsieur Jean ! du courage !
Se peut-il que l'oubli d'Irène vous outrage,
Et ne disiez-vous pas que vous ne l'aimiez plus ?...

JEAN.

C'est l'éternelle erreur des cœurs irrésolus.
Je l'ai dit, je l'ai cru... Bon ! la chose était sûre...
Mais ce dépit cruel a rouvert ma blessure.

VÉRONIQUE.

Eh bien, si vous l'aimez encore, dans ce cas,
Sachez si ses parents ne la contraignent pas.
Ne la maudissez point sans éclaircir vos doutes.

JEAN, amèrement.

Les femmes, les voilà !... Vous vous défendez toutes...
Non, je suis sûr qu'Irène agit de son plein gré.
Le richard lui plaît mieux que le pauvre émigré.
Quoi ! les grains sont en baisse, et je prétends qu'on m'aime !
Qui donc voudrait de moi ?... Mais personne ; et vous-même,
Bien que vos sentiments soient désintéressés,
Dites-moi franchement...

VÉRONIQUE.

Monsieur Jean, c'est assez !
Il n'est pas question de moi ; je vous arrête.

JEAN.

Ah ! pardon ! mille fois pardon ! Je perds la tête,
Et je deviens méchant... Il faut partir ! allons !
Car j'entendrais d'ici grincer les violons

De leur noce maudite... Il vaut mieux que je parte.
C'est bien... Je me ferai soldat de Bonaparte.
Il tombe, sur les bords de l'Adige et du Rhin,
Une grêle de plomb qui guérit du chagrin.
Je vais boucler mon sac, et je pars dans une heure.
Votre oncle héritera de la vieille demeure ;
Vivez-y tous les deux en maîtres absolus...
Et priez Dieu pour moi... quand je n'écrirai plus !

Il sort par la gauche.

SCÈNE VI

VÉRONIQUE, seule.

Il l'aime encor... toujours... Et moi... moi, j'étais folle !
Oui, quand il me disait une bonne parole,
C'était par amitié, comme on fait aux enfants...
Je ne veux plus l'aimer, non ! je me le défends.
Que puis-je sur un cœur qui ne bat que pour elle ?
Pourtant l'illusion était bien naturelle :
Sa voix devenait douce en prononçant mon nom ;
Son regard quelquefois s'attendrissait... Mais non !
Si j'espérais encor, je serais insensée...

Regardant son missel qu'elle a gardé à la main.

Et toi, livre, rempli des fleurs de ma pensée,
Oui, toi qu'embaume encor mon rêve anéanti,
Humble et cher confident, tu m'avais donc menti !...
Ah ! du courage ! Il faut que mon cœur se délivre
De tous ces souvenirs... Je vais brûler ce livre

Et fuir cette maison où j'ai par trop souffert.
Dans le prochain couvent asile m'est offert ;
J'irai là... car il faut que j'oublie et m'en aille.
S'approchant de la cheminée.

Tout justement voici des copeaux, de la paille ;
Et ce foyer désert, où s'est tu le grillon,
Aujourd'hui recevra l'adieu de Cendrillon.
Disparais, seul témoin de ma triste folie.

Elle pose son livre sur la paille amoncelée dans le foyer et y met le feu avec une petite lampe qui est accrochée dans l'intérieur de la cheminée. Une grande flamme jaillit.

Oui, la flamme s'élève, et l'œuvre est accomplie.
Les feuillets tout noircis se tordent dans le feu...
Monte donc, flamme pure, avec mon dernier vœu !
Avec mon dernier vœu, monte, blanche fumée
Qui t'en vas dans le ciel, doucement parfumée,
Puisque je t'alimente, en ce jour de douleurs,
Avec un double encens, la prière et les fleurs !
Monte donc, jusqu'à Dieu, flamme du sacrifice,
Pour qu'à celui que j'aime il devienne propice,
Et, si Jean souffre encor de son amour ancien,
Pour qu'au moins mon malheur adoucisse le sien !
Le feu s'est éteint tout à fait.

Le feu s'éteint ! Tel est mon cœur, cendre et poussière !

Apercevant au fond de la cheminée un trou béant qui n'y était pas auparavant.)

Tiens !... Mais cette flambée a fait choir une pierre
Du foyer... Chaque jour ces murs croulent un peu,
Et voilà si longtemps qu'on n'avait fait de feu...
Voyons donc... Le dégât n'est pas grand, je suppose...
Étonnée.

Mais... c'est une cachette... Ah ! Dieu ! l'étrange chose !..
Un coffret !...

Elle prend le coffret qui est dans le trou.

De la flamme il est tout tiède encor...
Pourrait-il s'ouvrir ?...

Elle porte le coffret sur la table et s'efforce de l'ouvrir.

Oui...

Avec stupeur.

Le trésor ! le trésor !...
J'ai trouvé ceci, moi !... Suis-je bien éveillée ?...
Mais non, cette cassette en fer, toute rouillée,
Je la touche...

Prenant à pleines mains les parures contenues dans le coffret.

Voici les bijoux... et mes yeux
Ont peine à soutenir leur éclat merveilleux !...
Mais pourquoi tant de trouble et quelle est ma pensée ?
Dieu m'entendait : voilà ma prière exaucée ;
Grâce à mon sacrifice il m'a fait découvrir
Ce trésor par qui Jean va cesser de souffrir.
Mes espoirs consumés lui rendent sa richesse,
Pour qu'il épouse Irène et la fasse duchesse ;
Et, comme par miracle et par enchantements,
Mes pleurs sont devenus perles et diamants !
Hélas ! mon pauvre amour !

Apercevant Jean qui rentre pensif et la tête basse.

Jean ! Ah ! comment lui dire ...

SCÈNE VII

VÉRONIQUE, JEAN.

JEAN, tristement.

Tout à l'heure, j'avais un moment de délire,
Ma pauvre Véronique... Il faut me pardonner.
Mais je n'ai pas le droit de vous abandonner,
Votre oncle et vous. Je dois garder le sort modeste
Que je vous fais ici partager, et je reste.

VÉRONIQUE, près de la table, de façon à cacher à Jean le coffret.

Monsieur Jean, ce n'est pas de cela qu'il s'agit.

JEAN.

Quoi?

VÉRONIQUE, s'efforçant de sourire.

Je suis votre fée... Ah! vous me l'avez dit...
Eh bien! aux jours mauvais, la fée est là qui guette
Et qui répare tout d'un seul coup de baguette.

JEAN.

Plaisantez-vous?

VÉRONIQUE.

Tout va changer dans votre sort.
Pour une grande joie êtes-vous assez fort?

JEAN.

Pour une grande joie ?

VÉRONIQUE.

. Oh ! oui, car c'en est une,
De reprendre d'un coup son rang et sa fortune,
Et la femme qu'on aime et le bonheur rêvé...
Le trésor...

JEAN.

Le trésor ?... Eh bien ?...

VÉRONIQUE, lui montrant le coffre ouvert.

Je l'ai trouvé !

JEAN.

Ah ! grand Dieu !

VÉRONIQUE.

N'est-ce pas ? quel coup de destinée !
Je l'ai découvert là, dans cette cheminée,
Je vous dirai plus tard,... par du feu que j'ai fait.
Mais c'est bien lui... touchez,... regardez...

JEAN, saisissant à son tour les parures.

En effet,
C'est bien lui !... c'est bien là le trésor de famille !
Quoi ! c'est à moi ce tas de diamants qui brille...
A moi tous ces bijoux !...

Il reste immobile et muet, les mains pleines de bijoux, absorbé dans sa
contemplation.

VÉRONIQUE.

                    Maintenant vous pouvez
Amener votre Irène en ces murs relevés ;
Vous pouvez lui donner opulence et noblesse...

            S'apercevant que Jean ne l'écoute pas.

Mais il ne m'entend plus... Allons, point de faiblesse !
Je dois partir...

        JEAN, se parlant à lui-même et maniant les bijoux.

            Ainsi, c'est à moi ce trésor !
Je le vois, je le touche, et n'y puis croire encor...
Eh bien ! c'est du bonheur : il faut que j'en profite.
Mais pourquoi donc mon cœur ne bat-il pas plus vite ?
Pourquoi donc, en faisant ruisseler dans ma main
Ces cailloux précieux, qu'on me paîra demain
En bel argent comptant chez le prochain orfèvre,
Ne suis-je pas joyeux et n'ai-je pas la fièvre ?
Je suis riche pourtant... Véronique a raison.
Je puis faire à présent rebâtir ma maison :
Racheter alentour la forêt et la plaine,
Et, nouveau châtelain, choisir ma châtelaine.
Je suis riche, très riche, et n'ai qu'à faire un pas
Vers les parents d'Irène... Ils n'hésiteront pas :
On va congédier ce fat, et tout s'arrange...
Non ! ce n'est plus mon cœur qui parle... C'est étrange !
Dans mon âme, à l'instant encor pleine d'ardeur,
Ces diamants ont mis leur subtile froideur.
Irène me déplaît, s'il faut que je l'achète
Avec ce sac d'écus que le hasard me jette.

Je m'offense aujourd'hui de son mépris d'hier;
Et, riche, je prétends, comme un pauvre, être fier!...
Quoi!... l'on change à ce point!... Ah! le destin me raille;
Et vous auriez bien dû rester dans la muraille
Au lieu de me prouver, ô trésors superflus,
Que ma douleur mentait et que je n'aimais plus!
Eh bien, si! j'ai raison... Je devais, par vous seules,
Parures dont jadis s'ornèrent mes aïeules,
Apprendre cette amère et saine vérité;
Et, pour l'honneur du nom que toutes ont porté
En mères de famille, en épouses fidèles,
Je ne dois point choisir de femme indigne d'elles.

VÉRONIQUE, à part.

Oh! c'est trop tard!

JEAN, changeant de ton, à Véronique.

　　　　　　　　D'ailleurs, s'agit-il de cela?
Réalisons d'abord cette fortune-là :
Cent mille écus, dit-on... Peut-être davantage!
D'abord, premier plaisir,... il faut que je partage
Avec vous, mes amis, qui seuls savez m'aimer.
Pour l'abbé, dès demain je le fais imprimer.
Et quant à vous, ma bonne et généreuse amie.
Vous n'aurez plus besoin de tant d'économie,
Et vos mains puiseront au trésor sans compter.
Ma pauvre chère enfant, que je vais vous gâter!
Mais ce sera charmant! L'existence nouvelle
Que nous allons mener à mes yeux se révèle.
Oui, nous restons chez nous, les pieds sur les tisons.
Nous sommes trois amis, et nous nous suffisons;

Vous êtes la maîtresse au logis, Véronique ;
Vous exercez sur nous un pouvoir tyrannique ;
Moi, je chasse ; et l'abbé ; dans ses fougueux élans,
Me déclame ses vers, que je trouve excellents ;
Nous nous abandonnons au repos qui nous berce ;
Et, comme des oiseaux éprouvés par l'averse,
Satisfaits du refuge où Dieu nous réunit,
Nous nous tenons tous trois serrés dans notre nid !
— Et j'osais m'attrister ! Mais, que Dieu me pardonne !
Je fais mieux que d'avoir du bonheur... car j'en donne.

VÉRONIQUE.

J'ai regret de troubler un rêve si joyeux,
Monsieur Jean, mais je dois vous faire mes adieux.

JEAN, stupéfait.

Vos adieux !.. vous ! J'ai mal entendu !

VÉRONIQUE.

                                   Non ! mon aide
Désormais vous devient inutile, et je cède
A mon ancien désir, qui revenait souvent,
De prononcer mes vœux et d'entrer au couvent.
Ma résolution depuis longtemps est prise.

JEAN.

Que veut dire ceci ?.. Vous voyez ma surprise...
Jamais vous ne m'aviez parlé de ces projets...

VÉRONIQUE.

Et pourtant, Monsieur Jean, tous les jours, j'y songeais ;

Et je n'ai même ici prolongé ma présence
Que dans votre intérêt et par reconnaissance.
C'est même, en vous quittant, le seul bonheur que j'ai,
De vous avoir servi... Mais tout est bien changé.
Les voici revenus pour vous, les jours prospères.
Bientôt vous conduirez sous le toit de vos pères
Une épouse choisie, enfin digne de vous
Et des femmes de qui vous viennent ces bijoux,
Celle que vous pourrez aimer comme une égale ;
Et qui saura porter la couronne ducale.
Elle prendra la place ici que j'occupais ;
Et moi j'entre au couvent afin d'y vivre en paix.

JEAN, à part.

Je crois tout deviner... O pauvre âme blessée !

VÉRONIQUE.

Gardez-moi, n'est-ce pas ? une bonne pensée ;
Moi, je prierai pour vous, c'est tout ce que je puis
Désormais. Ayez soin de mon pauvre oncle ; et puis,
Plus tard, quand vous serez un père de famille,
Peut-être verrez-vous revenir l'humble fille
Qui toujours aura fait pour vous des vœux fervents,
Et qui vous aimera dans vos petits enfants.

JEAN.

Partir ! vous partiriez d'ici, chère petite !
Mais à ce seul penser qu'il faut que je vous quitte,
Savez-vous que mon cœur a frissonné d'effroi ?
Asseyons-nous tous deux. Voyons ! écoutez-moi...

Mon enfant, ce trésor, dont je cherche l'usage,
Ne m'a pas seulement rendu riche, mais sage ;
Il a fait s'envoler, par un souffle subit,
Ce regret, qui n'était au fond que du dépit ;
Nul écho du passé dans mon âme ne vibre ;
Et votre ancienne place au foyer reste libre...
Pourquoi voulez-vous donc abandonner ce lieu ?

VÉRONIQUE.

Je vous l'ai dit, je dois me consacrer à Dieu ;
Et le repos du cloître est mon désir unique.

JEAN, s'animant.

Eh bien, moi, je vous dis que c'est faux, Véronique !

VÉRONIQUE.

Monsieur Jean !...

JEAN.

            Laissez-moi ! je vous dis que c'est faux.
Aviez-vous autrefois des rêves si dévots ?
Étiez-vous à ce point du monde fatiguée,
Ce matin, hier, toujours, vous, si bonne et si gaie ?
Je vous dis que c'est faux, pauvre cœur innocent,
Et que ce qui vous pousse est un chagrin naissant,
Dont vous ne vous rendez peut-être pas bien compte,
Mais que je crois comprendre enfin et que j'ai honte
De deviner si tard, aveugle que j'étais...
Oh ! si je vous offense, un mot ! et je me tais...
Mais, depuis un moment que nous sommes ensemble,
A cette douce main qui dans la mienne tremble,

A ce regard, du mien sans cesse détourné,
Véronique, je crois que j'ai bien deviné...
Si j'avais ce bonheur...

VÉRONIQUE.

Monsieur Jean, je vous jure...

JEAN.

O Véronique, avant de commettre un parjure,
Avant de prononcer un *non,* que tout dément,
Laissez-moi vous parler jusqu'au bout seulement.
Oui, sachez que mon cœur a compris tout à l'heure,
Quand vous avez parlé de quitter ma demeure,
Le mal qu'il avait fait, ce lâche et cet ingrat,
Et le devoir tracé pour qu'il le réparât.
J'ai vu, par ce danger qu'elle me fût ravie,
Que votre affection était tout dans ma vie,
Qu'il me faut à tout prix près de moi la fixer
Et que je ne peux plus désormais m'en passer.
Dans mon cœur, délivré de l'ancien mauvais rêve,
Un nouveau sentiment se dégage et s'élève...
Et l'amour, qu'attendait votre espoir ingénu,
Il va venir, il vient,... il est déjà venu!
Par ces yeux pleins de pleurs, par ces mains que je serre,
Par nos chers souvenirs de commune misère,
Oui, Véronique, au nom du douloureux passé,
Pardonnez à celui qui fut un insensé,
Mais qui se donne à vous, et de toute son âme,
Et restez mon enfant, mon amie, et ma femme!

Véronique éclate en sanglots.

Quoi!... vous pleurez !...

VÉRONIQUE.

Pourquoi ne parler qu'aujourd'hui,
Monsieur Jean? Hier encor, je vous aurais dit : Oui!

JEAN.

Eh bien?...

VÉRONIQUE.

Mais à présent que les grandeurs perdues,
Par un juste retour, vous sont toutes rendues,
Et que vous retrouvez fortune, titre et nom,
Je connais mon devoir et dois vous dire : Non.

JEAN.

Quel scrupule insensé! Vous m'aimez, je vous aime...
Pour avoir ce trésor, ne suis-je plus le même?

VÉRONIQUE.

Vous ne le serez plus demain. Non, monsieur Jean.
Je n'aime point un duc; j'aimais un paysan :
J'avais droit de rêver — mais tout beau rêve cesse —
D'être fermière un jour, jamais d'être duchesse;
Et ce qu'avec ivresse hier j'eusse accepté,
Tout mon cœur le repousse à présent par fierté.

JEAN.

Mais ce trésor, je vous le dois, ô noble fille!...

VÉRONIQUE.

Non, monsieur Jean : ce sont vos bijoux de famille.
Pour vous seul, le feu duc — vous le comprenez bien —
Les avait cachés là... Je n'accepterai rien!...

Je dois me retirer, ayant rempli ma tâche.
Si je vous écoutais, si j'étais assez lâche
Pour ne plus résister, hélas! qu'adviendrait-il?
Vous verriez qu'une enfant élevée en exil,
Qui sait coudre et filer, ainsi qu'une servante,
Mais qui n'est nullement mondaine ni savante,
En mainte occasion, qui saura bien surgir,
Ne tiendrait pas son rang et vous ferait rougir...

JEAN.

Véronique!

VÉRONIQUE.

Attendez... Puis l'image d'Irène,
Dont vous vantiez le tact et la fierté de reine,
Viendrait vous inspirer de coupables regrets,
Des reproches peut-être... Et moi, moi, j'en mourrais!
Plus de rêves menteurs où mon espoir s'égare!...
Je le jure! à jamais ce trésor nous sépare,
Et vous aurez plus vite usé ces diamants
Que vous ne m'aurez fait manquer à mes serments.

JEAN.

Eh bien, donc! sois maudit par moi, trésor funeste!
Diamants qui troublez mon sort, je vous déteste!
Car vous m'êtes fatals; car vous avez jeté
Sur mes illusions votre froide clarté,
Et de plus, vous rendez, par un charme invincible,
Le cœur de cette enfant comme vous insensible!

SCÈNE VIII.

JEAN, VÉRONIQUE, L'ABBÉ.

L'Abbé entre, dans la plus grande agitation en brandissant une feuille
de parchemin.

L'ABBÉ.

Mes enfants! mes amis!...

VÉRONIQUE.

Mon oncle!...

L'ABBÉ, se jetant au cou de Jean.

Embrassez-moi,

Mon pauvre Jean!

JEAN.

Qui peut vous causer tant d'émoi?

L'ABBÉ.

Une joie ineffable, une peine infinie!
Moi, je m'en vais écrire une œuvre de génie;
Mais vous, si vous trouviez le trésor, cher enfant,
Hélas! vous ne seriez pas plus riche qu'avant.

JEAN.

Quoi? le trésor?...

L'ABBÉ.

Allez! n'en cherchez plus les traces,
Car dans votre grenier, parmi vos paperasses,
Ce rare document, cet acte précieux,
Par le plus grand hasard est tombé sous mes yeux.
Il vient de me prouver, d'une façon certaine,
Que votre illustre aïeul...

Montrant le buste au-dessus de la cheminée.

oui, ce grand capitaine
Qui semble nous sourire en sa barbe là-haut,...

JEAN.

Eh bien?...

L'ABBÉ.

C'est le héros tragique qu'il me faut!

JEAN.

De grâce!...

L'ABBÉ.

Cet ami du meilleur des monarques,
Comme on se préparait à la bataille d'Arques,
Sut que nos lansquenets, qui, depuis très longtemps,
N'avaient pas eu leur paie, étaient fort mécontents.
Alors — ô trait sublime où sa loyauté brille! —
Il vendit à des juifs ses bijoux de famille
Et paya les soldats, sans prévenir le roi!

JEAN, à part.

Que dit-il?

L'ABBÉ.

On gagna la bataille... Après quoi,
Henri, qui sut le fait, désira, comme on pense,
Donner au brave duc sa juste récompense.
Mais votre aïeul, héros digne d'être Romain,
— La chose est tout au long dans ce vieux parchemin
Fait à Dieppe et timbré des armes de la ville, —
Refusa tout, et fit, par un orfèvre habile,
Faire des bijoux faux tout pareils aux anciens,
Voulant, comme il le dit, que les femmes des siens,
Qui porteraient son nom aux époques futures,
N'eussent d'autre ornement que ces vaines parures,
Durable souvenir, qu'il léguait à leurs fils,
De ce qu'il avait fait un jour pour son pays!

JEAN.

Mon noble aïeul!

VÉRONIQUE, à part.

Dieu bon! est-ce que tu m'exauces?

JEAN, montrant le coffret à l'abbé.

Ainsi, vous l'avez dit, ces parures sont fausses.

L'ABBÉ, stupéfait.

Ces parures?.. Hein? quoi?... Le trésor!

JEAN.

Le voici.

Mais vous m'avez prouvé qu'il était faux... Merci !

L'ABBÉ.

Vous l'aviez découvert ?.. Je détruis votre joie !

Il se laisse choir dans un fauteuil.

Ah !

JEAN.

Je comprends le don que l'ancêtre m'envoie.
Trésor de dévoûment, trésor de loyauté,
Tu me rends le bonheur avec la pauvreté ;
Et bien plus que tout l'or du monde je t'estime,
Fortune de vertu, legs d'un aïeul sublime !
Soyez les bienvenus, car vous comblez mes vœux,
Perles sans orient et diamants sans feux !
Car j'ai souffert pendant mon heure de richesse ;
Et le sort à présent me fait vraiment largesse,
Qui, tout en m'accablant de ce surcroît d'honneur,
Me permet de rester un pauvre moissonneur.
Partez sans un regret, décevantes chimères !

Prenant la main de Véronique.

Vous voyez les bijoux qu'ont portés mes grand'mères !
C'est ma dot, Véronique ; ils n'ont pas de valeur,
Et l'éclat de vos yeux brille plus que le leur.
Voulez-vous cependant les accepter quand même ?

VÉRONIQUE.

Puisque vous restez pauvre, et puisque je vous aime !

L'ABBÉ, sautant de son fauteuil.

Comment?.. Qu'ai-je entendu?

JEAN.

        C'est vrai, mille pardons !
Nous sommes amoureux et nous nous accordons,
L'abbé; deux pauvres gens échangent leur promesse;
Et vous n'y pouvez rien,... que nous dire la messe,
Comme pour marier de simples paysans.

L'ABBÉ.

Un tel hymen !.. suprême honneur de mes vieux ans !..
Mais que d'événements !.. j'ai mon sujet de pièce...
On trouve ce coffret... vous épousez ma nièce...
Le trésor était faux... Est-ce que j'ai rêvé ?

JEAN, tenant Véronique par la main.

Le trésor ! Non ! Voilà celui que j'ai trouvé !

Achevé d'imprimer

le 20 décembre mil huit cent soixante-dix-neuf

PAR CHARLES UNSINGER

POUR

ALPHONSE LEMERRE, ÉDITEUR

A PARIS

Fin du Monologue (Scène VIII).

D'ailleurs, me marier?... S'agit-il de Cela?
Réalisons d'abord Cette fortune là.
Cent mille écus, dit-on... peut-être davantage?...
D'abord, premier plaisir... Il faut que je partage
Avec ses bons amis qui seuls ont su m'aimer.
Pour l'abbé, dès demain je le fais imprimer...
Et quant à Véronique, ah! ma petite amie
N'aura pas tant besoin d'ordre et d'économie,
Et je veux qu'elle puise au trésor sans Compter.
La pauvre chère enfant! que je vais la gâter!...
Mais c'est là le bonheur... L'existence nouvelle,
Que nous allons mener à mes yeux se révèle.
Oui, nous restons chez nous, les pieds près des tisons.
Nous sommes trois amis et nous nous suffisons.
Véronique est maîtresse au logis, Véronique
Exerce à la maison un pouvoir tyrannique;
Moi, je chasse, et l'abbé, dans ses fougueux élans,
Me déclame des Vers que je trouve excellents.
Nous nous abandonnons au repos qui nous berce,
Et, comme des oiseaux éprouvés par l'averse,
Satisfaits du refuge où Dieu nous réunit
Nous nous tenons tous trois, serrés dans notre nid!
Et j'allais m'attrister! mais, — que Dieu me pardonne, —
Je fais mieux que d'avoir du bonheur, car j'en donne.

Ne m'a pas seulement rendu riche, mais sage ;
Qu'il a fait s'envoler, sous un souffle subit,
Mon regret, qui n'était au fond que du dépit ;
Que plus rien dans ce cœur pour Irène ne vibre ;
Que votre ancienne place au foyer reste libre...
Voudriez-vous toujours abandonner ce lieu ?

Véronique avec effort.

Oui, monsieur Jean, je dois me consacrer à Dieu,
Et le repos du cloître est mon désir unique.

Jean s'animant.

Eh bien, moi, je vous dis que c'est faux, Véronique !

Véronique.

Monsieur Jean...

Jean.

            Laissez-moi. Je vous dis que c'est faux.
Aviez-vous autrefois des yeux si dévots ?
Étiez-vous à ce point du monde fatiguée,
Ce matin, hier, toujours, vous, si bonne et si gaie ?...
Je vous dis que c'est faux, pauvre cœur innocent,
Et que ce qui vous pousse est un chagrin naissant
Dont vous ne vous rendez peut-être pas bien compte,
Mais que je crois comprendre enfin et que j'ai honte
De deviner si tard, aveugle que j'étais !...
Oh ! si je vous offense... un mot... et je me tais.
Mais, depuis un moment que nous sommes ensemble,

Pardonnez à Celui qui fut un insensé,
Mais qui se donne à Vous et de toute son âme,
Et restez mon enfant, mon amie et ma femme !
                    (après un silence.)
Dites... Pardonnez Vous ? Acceptez Vous ?...
                Véronique.
                                        Hélas !

                Jean.
        Comment ? Je ne Vous Comprends pas.
                Véronique.
Il m'aime, il me le dit... O douleur indicible !...
Il m'aime ... maintenant que Ce n'est plus possible.

        (La suite Comme dans le manuscrit primitif.)